<u>La réservation : Marguerite / Louis</u>

La scène dans le noir.
Sonnerie de téléphone
Lumière

1. Marguerite : Hôtel Marguerite, j'écoute

2. Louis : Bonjour madame. Je souhaite réserver deux chambres pour la fin du mois

3. Marguerite : Mais bien sûr monsieur. Pour combien de temps ?

4. Louis : Nous ne savons pas encore. C'est un problème ?

5. Marguerite : Pas du tout Monsieur. La réservation est à quel nom ?

6. Louis : Monsieur Louis Charpentier

7. Marguerite : Parfait Monsieur

8. Louis : Je vous préciserai notre heure d'arrivée ultérieurement. Merci

9. Marguerite: Merci à vous. Au plaisir de vous accueillir

Le café Marguerite

Marguerite s'active derrière le comptoir d'un bar. Léa et Louis entrent

10. Marguerite : Ah Monsieur Charpentier, je suppose

11. Louis : Oui

Échanges de bonjours, politesse etc. Marguerite disparaît rapidement derrière le rideau et revient. Benjamin entre et se présente autant que Maire.

12. Marguerite : Vos chambres ne sont pas encore prêtes. Donnez-moi vos bagages. Je vous sers quelque chose ?

13. Léa : Volontiers

Commande de boissons.

14. Benjamin : En tant que Maire, j'ai organisé une petite réunion aujourd'hui chez Marguerite. Nous devons discuter des affaires de la commune.

Louis et Léa sont gênés de se retrouver au milieu de cette réunion, marguerite les rassure

15. Marguerite : Vous nous dérangez pas du tout. Au contraire.

Le docteur entre.

16. Docteur : Bonjour (*Il sert la main de Louis et Léa*) Je suis le médecin du village. J'opère, je scie, je coupe, je découpe… Si vous avez besoin, n'hésitez pas. Et vous que venez-vous faire dans notre région ?

17. Léa : On s'intéresse à votre environnement. La faune, la flore…

© 2025, Belkacem.Haddouche

Édition : BoD · Books on Demand, 31 avenue Saint-Rémy, 57600 Forbach, bod@bod.fr

Impression : Libri Plureos GmbH, Friedensallee 273, 22763 Hamburg (Allemagne)

ISBN : 978-2-3225-6044-8

« Le mystérieux village »

Un secret bien gardé

Louis et Léa arrivent dans un village pour séjourner à l'hôtel de Marguerite, où ils rencontrent plusieurs habitants, dont le maire Benjamin, son épouse Jeanne, le docteur et le chasseur Philippe. Le maire annonce qu'une somme d'argent leur a été attribuée pour un projet, mais les propositions étranges (comme la construction d'un cimetière) et l'atmosphère un peu bizarre inquiètent le couple.

Sarah, la fille de Marguerite, semble troublée et parle d'hallucinations d'un homme tatoué. La Marou met en garde Léa et Louis, leur conseillant de fuir le village avant qu'il ne soit trop tard. Elle révèle que plusieurs personnes ont disparu. Une nuit, Philippe manipule Louis en prenant le contrôle de son esprit. Le lendemain, le couple découvre de plus en plus d'étranges comportements chez les habitants.

En enquêtant, Louis et Léa découvrent que le maire, le docteur, et plusieurs autres villageois ne sont pas ce qu'ils prétendent être, et que des morts mystérieuses ont eu lieu. Le couple réalise qu'ils doivent fuir ou risquer de devenir les prochaines victimes.

Personnages

Louis : *Touriste*
Léa : *Femme de Louis*
Marguerite : *Propriétaire hôtel*
Sarah : *Fille de Marguerite*
Benjamin : *Maire du village*
Jeanne: *Femme de Benjamin*
Philippe : *Le chasseur*
La Marou
Le Docteur

Scènes :

- **Scène 1** *: La réservation : Marguerite / Louis*
- **Scène 2** *: Le café Marguerite*
- **Scène 3** *: Chez La Marou : Marou / Sarah*
- **Scène 4** *: Nuit à l'hôtel :Philippe / Louis / Léa*
- **Scène 5** *: Le café Marguerite*
- **Scène 6** *: La maison Grün*
- **Scène 7** *: Dans la forêt : Léa / Docteur*
- **Scène 8** : Le café Marguerite : Marguerite / Sarah
- **Scène 9** *:* Dans la rue : Louis / Léa / La Marou
- **Scène 10** *: Dans la forêt : Louis / Léa / Philippe*
- **Scène 11** *:* Marguerite se souvient :
- **Scène 12** *:* La Marou / Marguerite / Son mari …. et arrivé de Benjamin / Jeanne / Le docteur
- **Scène 13** *: Chez le docteur : Docteur / Léa / Louis / Marguerite/ Sarah*

18. Marguerite : C'est vrai que l'on a beaucoup de chance de vivre ici… La nature est radieuse.

Jeanne entre.

19. Jeanne : Bonjour tout le monde. (*A Benjamin*) Tu aurais pu m'attendre !

20. Benjamin : Tu mets trop de temps à te préparer.

21. Jeanne : (*A Louis*) Une rose Monsieur ? Elles sont de mon jardin.

22. Louis : Non merci.

23. Jeanne : Pas pour vous, pour offrir à la demoiselle.

Léa fait un signe de refus.

24. Louis : Elle ne veut pas.

Sarah entre fait une bise à sa mère, Marguerite.

25. Sarah : Salut Mam.

26. Marguerite : Bonjour ma chérie.

27. Sarah : Tu me fais un chocolat ? Pourquoi tout ce monde ?

28. Benjamin : On va bientôt commencer une réunion.

29. Jeanne : Tu ne devrait pas être à l'école toi ?

30. Sarah : Oui, mais j'ai pas envi d'y aller.

Marguerite en colère, lui prend l'oreille

31. Marguerite : Tu vas y aller. Je vais t'y emmener.

32. Benjamin : Marguerite, elle ira demain à l'école, c'est pas grave.

33. Docteur : Vous croyez que je serai devenu médecin, si j'avais fait l'école buissonnière ? C'est important l'école.

34. Benjamin : Bien, je vous ai réunis aujourd'hui pour vous annoncer une bonne nouvelle.

35. Jeanne : Excusez moi Monsieur le Maire, mais qui sont ces personnes ?

36. Benjamin : Des jeunes gens qui s'intéresse à notre environnement.

37. Jeanne : Vous allez rester combien de temps ?

38. Louis : Une semaine ou deux… On ne sait pas encore.

39. Léa : Ça dépend, si ça nous plaît.

40. Docteur : Ça vous plaira.

41. Benjamin : Bien, je reprends et j'aimerai ne pas être interrompu. La bonne nouvelle, c'est que le gouvernement nous à accordé une coquette somme d'argent pour un projet de notre choix. Et…
Philippe entre.

42. Benjamin : Ah, te voila toi !

43. Philippe : j'étais tranquillement à la chasse quand j'ai repéré du gibier. Bernard mon chien, lui a couru après, Je l'ai laissé partir pour qu'il le rabatte. En attendant, j'ai rechargé mon fusil, j'ai bu un coup et je suis parti dans sa direction. J'ai passé 2 heures à l'appeler « Bernard, Bernard » Rien. Alors je suis rentré. J'étais pas plutôt à la maison que j'ai entendu des aboiements. Je sors : c'était Bernard, avec le lièvre, enfin ce qu'il restait. Une patte !

44. Benjamin : Bien, je reprends et j'aimerais ne pas être interrompu. Je disais donc, la bonne nouvelle, c'est que le gouvernement nous a accordé une coquette somme d'argent pour un projet de notre choix. La question est : quel projet ? Je vous écoute. Chacun peut exprimer son idée.

45. Sarah : Moi j'ai un projet. Je voudrais une mobylette pour aller voir mes copains.

46. Benjamin : Le projet doit être d'intérêt général, Sarah.

47. Sarah : Ha …

48. Docteur : Un cimetière !

Réaction des participants.

49. Léa : Vous n'avez pas de cimetière ?

50. Jeanne : Non, pas de cimetière.

51. Louis : Comment faites-vous ?

52. Philippe : On utilise les bonne vielles méthodes.

Silence de gêne, Benjamin reprend.

53. Benjamin : Revenons au projet. D'autres idées ?

54. Louis : On va aller faire un tour en attendant que nos chambres soient prêtes.

55. Léa : Et puis on est pas concerné par votre projet, on va rester ici quelques jours seulement.

56. Marguerite : Je ferai monter vos bagages. Chambre numéros 666 (+ Nom étrange)

57. Benjamin : Bon séjour parmi nous.

Léa et Louis sortent. Les personnages se regroupent, parlent à voix basses. Léa revient. Ils se retournent tous vers elle, avec des expressions étranges.

58. Léa : J'ai oublié mon appareil à photo.

(Philippe lui tend son appareil. Elle sort. Marguerite *s'éloigne, Sarah la suit.)*

: Voilà une belle journée qui commence.

59. Benjamin : Qu'ils sont mignons !

60. Jeanne : Ils s'intéressent à la faune et la flore….

Rires

61. Docteur : On va reprendre nos expériences. Philippe, tu as prévu quelque chose ce soir ?

62. Philippe : Toujours prêt à vous rendre service.

63. Docteur : Parfait !

Jeanne et Benjamin sortent.

64. Jeanne : Au revoir Marguerite.

65. Docteur : Tu dessines je crois. Tu ne veux pas me monter ?

66. Sarah : Non

Chez La Marou : Marou / Sarah

Sarah entre

67. Marou : Le voilà ! Tu viens voir ta copine.

68. Sarah : Je peux te parler ?

69. Marou : Je t'écoute.

70. Sarah : Est ce que ça t'arrive à toi d'avoir des images dans la tête ?

71. Marou : Des images comment ?

72. Sarah : Hé bien par exemple de voir quelqu'un, aussi précisément que je te vois maintenant !

73. Marou : Tu vois quelqu'un dans ta tête ?

74. Sarah : Oui, je vois un homme.

75. Marou : Un homme !!

76. Sarah : Il lève les bras comme pour me faire signe. Sur son bras droit, il a un tatouage d'oiseau.

Marou se fige

77. Sarah : Ça te fait penser à quelqu'un ?… Pourquoi tu ne parles plus ?

78. Marou : Tu m'ennuies avec tes histoires. Ça me fait penser à personne. Laisse-moi, j'ai à faire.

79. Sarah : Si tu sais quelque chose dis le moi !

80. Marou : T'as qu'à demander à ta mère !!

Sarah ne part pas, semble hésitante.

81. Marou : Qu'est ce qui se passe ?

82. Sarah : J'ai peur.

83. Marou : Peur de quoi ?

84. Sarah : Des étrangers sont arrivés. Ils logent chez nous.

85. Marou : (Pour elle) Des étrangers…

Nuit à l'hôtel :Philippe / Louis / Léa

Scène essentiellement jouée.

Idée de jeu : *Philippe s'introduit dans la chambre de Léa et Louis. Il pose sa main sur la tête de Louis pour prendre le contrôle, puis il retire sa main.*
Prise de contrôle de l'esprit de Louis, Philippe fait des gestes guidant Louis dans l'espace autour de lui. À la fin, il le guide de sorte à ce qu'il se retrouve face à Léa. Philippe quitte la chambre.
Léa se réveille en sursaut en trouvant Louis face à elle. Elle essaie de le réveiller, mais hélas, sans succès.

Fin scène Noir.

<u>Le café Marguerite</u>

C'est le matin. Sarah, Le Maire, Jeanne, Philippe, le docteur sont présents. Marguerite va et vient. Prise de commande.

86. Philippe : Un café fort !

87. Marguerite : Tout de suite. (elle l'apporte)

88. Docteur : Hé moi, tu m'as oublié ? J'ai commandé un chocolat et un croissant.

89. Marguerite : Ha oui. J'oublie beaucoup de choses en ce moment… Personne ne m'a dit si ma raclette était bonne hier soir.

90. Benjamin : C'était un délice des papilles, Marguerite.

91. Jeanne : Je crois que j'en ai un peu trop mangé.

92. Philippe : Moi j'aime pas le fromage, alors… Je me suis rattrapé sur le dessert.

93. Marguerite : Oui, j'ai remarqué. Tu en as repris 3 fois.

94. Docteur : La musique de la fête était parfaite ! Vous dansez très bien Marguerite.

95. Marguerite : J'adore ça !

Léa et Louis entrent. Silence.

96. Docteur : Vous avez passé une bonne nuit ?

97. Léa : Un peu mouvementée.

98. Louis : Elle n'a pas arrêté de gigoter.

99. Marguerite : (*à Sarah*) Laisse la place.

Sarah se lève, Léa et Louis s'assoient

100. Léa : Le fromage m'a pesé l'estomac.

101. Jeanne : Une raclette est toujours un peu lourde à digérer.

102. Marguerite : Elle était bonne quand même !

Plusieurs : Oui !!!!

Léa et Louis commandent. Un temps.

103. Docteur : Il m'a semblé que vous avez beaucoup bu !

104. Léa : Lui surtout.

105. Benjamin : Alors Jeanne, où as-tu envie de partir en vacances ?

106. Jeanne : Benjamin, cette année, j'ai envie de partir à Hawaï !

107. Benjamin : Hawaï ?

108. Jeanne : Oui, Hawaï !

109. Benjamin : Mais enfin Jeanne, tu n'y penses pas sérieusement ? On n'a pas les moyens d'aller à Hawaï !

110. Jeanne : Benjamin, tu es le maire ou pas ?

111. Benjamin : Bon d'accord… Et on partirait combien de temps ? Une semaine ?

112. Jeanne : C'est tout ? Pas assez ! Je veux partir un mois.

113. Benjamin : Un mois ! Mais Jeanne, j'ai des responsabilités ici. On a besoin de moi.

114. Jeanne : Tu te trouveras un remplaçant.

115. Benjamin : Bon d'accord. Je vais réserver les places.

116. Jeanne : J'ai déjà réservé.

117. Benjamin : Ben comment ?

118. Jeanne : Avec ta carte ! … Je me vois déjà danser sur la plage, avec un collier de fleurs. (*elle danse*)

119. Marguerite : Attendez Jeanne…… (*met une musique*)

(*Jeanne et Marguerite dansent. Sarah n'apprécie pas de voir sa mère danser. Au bout d'un moment Sarah arrête la musique. Marguerite va s'asseoir.*)

120. Marguerite : Pourquoi tu as arrêté la musique ?

121. Sarah : Je n'ai pas envie que tu te ridiculises davantage devant tout le monde

122. Marguerite : Ghhhhhh

La Marou entre. Grand silence.

123. Docteur : Mais qu'est-ce qu'elle vient faire celle-là ?

124. Philippe : T'en fais pas, tu sors. (*Il l'a fait reculer, croit qu'elle est sortie mais en fait elle revient*)

125. Marou : Je voudrais boire un café. C'est un lieu public ici !

126. Docteur : Tu ne vois pas qu'il n'y a pas de place !

Marguerite se lève.

127. Marou : Bonjour Marguerite.

128. Marguerite : Bonjour.

Louis se lève, propose sa place à La Marou. Elle s'assied. Sarah la sert.

129. Léa : Vous habitez le hameau ?

130. Marou : Oui.

131. Louis : On ne vous a pas vu à la soirée raclette hier soir.

132. Docteur : Elle n'a pas pu venir, elle était malade.

133. Marou : Je n'étais pas malade, je n'étais pas invitée.

134. Marguerite : C'était une soirée entre amis et Madame n'est ni une amie ni une habituée.

135. Marou : Je l'ai été.

Le Docteur coupe la conversation.

136. Léa : (*Montre sur son ordinateur*) Alors, aujourd'hui moi je vais aller dans ce secteur. Il y a une belle forêt… au nord de ce lac. Tu vois ? J'en ai pour une heure de marche à peu près. Le chemin a l'air d'être facile d'accès.

137. Louis : OK. Moi je vais faire un tour dans le hameau. J'ai repéré de vieilles maisons abandonnées.

138. Léa : Toi et tes urbex !

139. Marguerite : À ce soir.

Ils sortent.

140. La Marou : Je débarrasse le plancher. Pas besoin de me mettre dehors.

141. Jeanne : On a failli attendre.

La Marou sort.

142. Benjamin : Marguerite, suivez le jeune homme. Il ne m'inspire pas confiance.

143. Marguerite : Pourquoi ?

144. Benjamin : Je n'ai pas envie qu'il fourre son nez n'importe où, là où il pourrait le regretter…

145. Docteur : Je me charge de la fille.

146. Marguerite : Sarah, occupe-toi du bar pendant mon absence.

La maison Grün

Louis entre dans une maison. Il trouve des objets éparpillés, des chaises renversées…

147. Louis : Y a quelqu'un ?

Il entend du bruit et se cache. Marguerite entre. Elle se déplace. Louis réapparaît.

148. Louis : Excusez-moi. (*Marguerite se retourne*) Marguerite !! Vous devez me trouver bien mal éduqué d'entrer dans une maison comme ça, sans y être invité.

La porte était ouverte. Le moins que l'on puisse dire c'est que la famille Grün n'était pas très ordonnée.

149. Marguerite : La famille Grün ?

150. Louis : Pardon ?

151. Marguerite : Vous avez parlé de la famille Grün ?

152. Louis : Oui, c'est le nom qui est inscrit sur la porte d'entrée. Je disais qu'elle n'était pas très ordonnée…

153. Marguerite : Ou peut-être sont-ils partis en vacances ?

154. Louis : Je ne sais pas s'ils sont partis en vacances mais apparemment ils ne sont pas revenus. Quand on partait en vacances avec mes parents, la maison était sans dessus dessous.

Marguerite attrape un objet, qui semble l'attirer (Tétine).

155. Louis : Marguerite ? Vous avez l'air chamboulée ! Vous connaissez la famille Grün ? Vous êtes déjà venue dans cette maison ? … Vous y avez habité peut-être ?

156. Marguerite : (*Sortant de ses pensées*) Vous mangez à l'auberge ce soir ? J'ai fait une raclette.

157. Louis : Parfait la raclette. J'adore la raclette.

158. Marguerite : Et votre amie ?

159. Louis : Mon amie aussi.

160. Marguerite : À tout à l'heure.

Dans la forêt : Léa / Docteur

Léa est partie en excursion. Elle prend des photos d'animaux et de fleurs. Elle surprend le Docteur en train de la suivre.

161. Léa : Que faites-vous ici ?

162. Docteur : Je me promène. (il avance sur Carla tout doucement)

163. Léa : N'approchez pas. N'approchez pas je vous dis.

164. Docteur : Allons calmez-vous. Là… De quoi avez-vous peur ?

165. Léa : Restez où vous êtes !

166. Docteur : Calmez-vous !

167. Léa : JE SUIS TRÈS CALME.

168. Docteur : D'accord.

169. Léa : Vous m'avez dit…

170. Docteur : Je me suis dit, elle va s'égarer toute seule dans la forêt.

171. Léa : Pas besoin de vous. J'ai un plan.

172. Docteur : Les plans… ne sont pas toujours précis.

mien, si.

nfiance.

des photos ?

175. Léa : Oui, attends je te montre.

Léa montre des photos d'animaux et de fleurs prisent durant sa balade.

Le café Marguerite : Marguerite / Sarah

Sarah dessine. Marguerite tourne autour d'elle.

176. Sarah : Ne regarde pas, ce n'est pas fini.

177. Marguerite : Tu es bien cachottière.

178. Sarah : Maman, pourquoi je suis la seule ado dans ce hameau ?

179. Marguerite : Pourquoi ? Qu'est-ce que j'en sais…

180. Sarah : Il n'y a que des vieux ! Tu crois que c'est drôle pour moi ?

181. Marguerite : Tu as tes amis à l'école.

182. Sarah : À 10 kilomètres d'ici, tu parles ! Je ne peux pas les voir souvent. (*Pause*) Tu n'as jamais pensé à partir d'ici ?

183. Marguerite : Partir ? Et où irait-on ? Il faudrait déménager, faire des cartons, trouver un autre logement.

184. Sarah : Je t'aiderais !

185. Marguerite : Il faudrait aussi que je trouve un autre travail…

186. Sarah : Ok, ok…

187. Marguerite : Viens la toi (*Câlin avec sa fille*). J'ai un cadeau pour toi.

Marguerite part en coulisse et récupère une robe

Tiens une robe de jeunes filles, de belles couleurs et qui va bien avec les couleurs de tes cheveux, en plus elle a une poche, c'est rare une robe avec une poche.

188. Sarah : Non je ne la veux pas.

189. Marguerite : Mais si, elle est belle.

189. Sarah : Tu peux la porter toi.

190. Marguerite : C'est une robe de jeunes filles pas de mamans.

Dans la rue : Louis / Léa / La Marou

Louis et Léa trouvent La Marou au sol, un panier et des pommes éparpillés par terre.

191. Léa : Ne bougez pas, on va vous aider.

192. Louis : Vous vous êtes fait mal ?

Ils aident la Marou à se lever, ramasse les pommes et les ranges dans le panier.

193. Marou : Ça va aller.

194. Léa : Voilà votre panier.

195. Marou : Merci. Vous êtes bien gentils. (*Elle change de ton*) Écoutez-moi. (*Elle parle en regardant autour d'elle, méfiante.*) Ne restez pas dans ce village. Fuyez dès demain ou maintenant…

196. Léa : Pourquoi ? On est bien ici.

197. Marou : Oui, c'est ce que tout le monde pense. Si vous restez, préparez-vous au pire.

198. Léa : Au pire ?

199. Marou : Il se passe des choses terribles dans ce village. Je ne peux rien vous dire. Croyez-moi, fuyez pendant qu'il est encore temps.

200. Louis : Pourquoi devrait-on vous croire ?

201. Marou : Faites-moi confiance. J'ai prévenu d'autres personnes avant vous qui n'ont pas voulu m'écouter et ils ont… disparu.

Elle tousse et leur fait signe de s'éloigner.

Le docteur entre.

202. Docteur : Qu'est-ce que tu racontais ? Qu'est-ce que tu es en train de manigancer ?

203. Marou : Tu m'espionnes ?

204. Docteur : Je t'observais. Tu leur parlais…

205. Marou : Oui, nous faisons connaissance. J'ai le droit, non ? Très sympathiques ces jeunes gens.

206. Docteur : Tu dois tenir ta langue, sinon…

207. Marou : Sinon ?

208. Docteur : Tu pourrais t'attirer des ennuis.

209. Marou : Vous ne pouvez rien contre moi.

210. Docteur : Cela pourrait changer…

211. Marou : C'est vous qui m'avez créée.

212. Docteur : Une erreur, tu es une regrettable erreur.

213. Marou : Une erreur de calcul, qu'allez vous faire de ses personnes ?

214. Docteur : Leurs sort est scellé.

Dans la forêt : Louis / Léa / Philippe

215. Louis : On est tombé dans un drôle d'endroit

216. Léa : On se casse ?

217. Louis : Pas avant de savoir ce qui se passe vraiment ici.

218. Léa : Comment ?

219. Louis : Suis moi ?

Ils quittent la scène

Philippe se camoufle derrière un taillis. Il guette du gibier.

220. Philippe : (*En train de de viser une proie*) Toi, tu vas pas faire long feu …Approche un peu, un peu plus … ne bouge plus (*Tir*) ! Dans le mille ! (*Il est content*)

Louis s'approche

221. Louis : Joli tir !

222. Philippe : Merci, Bernard, va chercher

223. Louis : Je te dérange ?

Philippe ne répond pas. Tir

224. Louis : Raté

225. Philippe : Vous avez fait du bruit.

226. Louis : Désolé … Moi je serai incapable de tuer une bête, comme ça, une bête qui m'a rien fait. Toi, t'as l'air d'aimer ça.

227. Philippe : (*Dirige son fusil vers Louis*) Ouais.

Louis dévie le fusil de sa trajectoire.

228. Louis : Fais attention… Tu passes tes journées dans les bois… Faut être un grand solitaire.

229. Philippe : Je suis un grand solitaire.

230. Louis : Moi je suis un grand bavard, il me faut de la compagnie. Je m'ennuierais à rester des heures à l'affût, tout seul !

231. Philippe : Moi pas. C'est les types comme toi qui me saoulent.

232. Louis : C'est pas gentil ça. Dis-moi, tu chasses pas la nuit ?

233. Philippe : La nuit ? Je dors. Je me repose.

234. Louis : T'es sûr ? Tu serais pas venu dans notre chambre… la nuit dernière ?

235. Philippe : Pour quoi faire ?

236. Louis : Je sais pas … J'ai de vagues images dans la tête…

Léa paraît. Elle à tout écouté.

237. Léa : Moi aussi, j'ai des images de toi dans ma tête. Et je ne rêvais pas. T'es pas net. C'est quoi ton rôle ici ?

Ils récupèrent le fusil. Le menacent.

238. Louis : Tu sais des choses. Parle !

239. Philippe : Si je parle, je mets ma vie en danger.

240. Léa : C'est à dire ?

241. Philippe : J'ai promis d'obéir.

242. Louis : A qui ?

243. Léa : Au docteur ?

244. Philippe : Celui qui se fait passer pour le docteur a tué le vrai docteur de ce village et à prit son identité.

245. Louis : Quoi ?

246. Philippe : Même chose pour le Maire et sa femme. Ils ont été tous les deux assassinés.

247. Léa : C'est horrible.

248. Louis : Il faut appeler la police !

249. Philippe : La police … Ces trois créatures ne sont pas des êtres humains …

250. Louis : Et Marguerite ?

251. Philippe : Marguerite est leur victime. Ils ont prit le pouvoir sur son esprit.

<u>Marguerite se souvient</u>

La Marou / Marguerite / Son mari …. et arrivé de Benjamin / Jeanne / Le docteur

On est chez Marguerite, 15 ans auparavant.

Marguerite joue du violon près de son bébé. Marou est à ses côtés. Le mari de Marguerite entre, prend le bébé dans ses bras.

215. Mari : Bonsoir. Alors, ma petite fille a été sage ?

216. Marguerite : Notre petite Sarah a été très sage.

Il prend sa fille dans ses bras. La berce puis la redonne à sa femme.

217. La Marou : Je suis très fière d'être sa marraine.

218. Marguerite : Elle te sourit.

On tape à la porte.

219. Marguerite : Tu attends quelqu'un ?

220. Mari : Non !

Entrent Benjamin et Jeanne.

221. Benjamin : On est impatients de voir ce nouveau-né.

222. Jeanne : Et féliciter les parents. On peut le voir ?

223. Mari : ELLE, elle dort !

224. Jeanne : Une fille ! J'aurais tellement aimé avoir une fille.

Les 2 se dirigent vers Marguerite et son bébé.

225. Marguerite : Doucement. C'est un bébé. Elle est fragile.

226. Jeanne : Mon dieu comme elle est mignonne !

227. Benjamin : J'ai eu beaucoup de mal à retenir Jeanne. Si je l'avais écoutée, on serait venu tout de suite.

228. La Marou : De l'air… laissez respirer cette petite.

229. Mari : Asseyez-vous.

230. Benjamin : Merci. *(ils vont s'asseoir)*

Les 2 contemplent la mère, son mari et leur bébé.

231. Jeanne : Est-ce qu'elle fait ses nuits ?

232. Marguerite : Parfaitement !

233. Jeanne : Quelle famille adorable, hein Benjamin ?

234. Benjamin : Très émouvante Jeanne.

Le docteur entre à son tour.

235. Docteur : Je veux voir l'enfant. Il ou elle ?

236. La Marou : Elle !

237. Docteur : Son prénom ?

238. Mari : Sarah.

239. Docteur : Donnez-la-moi.

Marguerite a un geste de défense.

241. Docteur : Ne craignez rien. Vous oubliez que je suis médecin. J'ai l'habitude de soigner des enfants.

242. La Marou : Elle n'a pas besoin d'être soignée. Elle est en parfaite santé.

243. Marguerite : Je crois qu'elle veut sa tétine.

244. La Marou : Je sais où elle est. (elle sort)

245. Docteur : Bon… Dans ma famille, quand une femme met un enfant au monde, un homme doit poser sa main sur son front pour la protéger elle et son bébé tout au long de leur vie. (*Il le fait*)

246. Mari : Tu ne touches pas ma femme et ma fille.

Le mari fait reculer le docteur. Jeanne se lève et paralyse le mari en le serrant à la gorge. Il tombe. Benjamin et Jeanne dévorent le mari. Marguerite est restée immobile. Le docteur l'entraîne, ils sortent de la maison.

La Marou revient avec la tétine.

247. La Marou : Je l'ai trouvée !

Elle s'immobilise, fait un tour sur elle-même et voit le corps du mari de Marguerite, mort.

Elle s'enfuit.

Chez le docteur : Docteur / Léa / Louis / Marguerite/ Sarah

Léa, Louis et Philippe arrivent chez le docteur.

248. Léa : On sait ce que tu as fais ?

249. Docteur : Quoi ?

250. Philippe : Je leur ai tout dit.

251. Louis : C'est le moment de te rendre tu n'as pas le choix.

252. Docteur : Ne vous approchez pas !

253. Léa : Tu es le loup-garou.

Léa, Louis et Philippe immobilisent le docteur.

Marguerite arrive

Les trois obligent le docteur à cesser de prendre le pouvoir sur l'esprit de Marguerite.

254. Docteur : (*Pose sa main sur la tête de marguerite*) C'est fait.

Marguerite se réveille de l'emprise au moment même ou sa fille Sarah arrive, Marguerite la prends dans ses bras

255. Marguerite : Je te promets de déménager.

<u>**Noir Fin**</u>

Affaire à suivre.... 666